DEPRESSÃO

Coleção **SAÚDE DA MENTE**

COMO ENFRENTAR A DEPRESSÃO

2ª edição

astral cultural

Editora Natália Ortega
Editora de arte Tâmizi Ribeiro
Produção editorial Ana Laura Padovan, Andressa Ciniciato e Brendha Rodrigues
Revisão João Rodrigues
Capa Agência MOV

Dados Internacionais de Catalogação na Publicação (CIP)
Angélica Ilacqua CRB-8/7057

C728 Como enfrentar a depressão / Astral Cultural. – 2. ed.
- Bauru, SP : Astral Cultural, 2023.
128 p. (Coleção Saúde da Mente)

ISBN 978-65-5566-414-0

1. Autoajuda 2. Depressão mental – Obras populares
3.Saúde mental I. Série

23-5443 CDD 616.895

Índice para catálogo sistemático:
1. Autoajuda

BAURU
Rua Joaquim Anacleto
Bueno, 1-42
Jardim Contorno
CEP: 17047-281
Telefone: (14) 3879-3877

SÃO PAULO
Rua Augusta, 101
Sala 1812, 18° andar
Consolação
CEP: 01305-000
Telefone: (11) 3048-2900

E-mail: contato@astralcultural.com.br

APRESENTAÇÃO

Segundo dados da Organização Mundial da Saúde, o Brasil é o país com maior prevalência de depressão da América Latina. No mundo, estima-se que são mais de 300 milhões de pessoas que sofrem com esse transtorno. A pandemia da COVID-19 agravou ainda mais o problema; com um aumento de 25% nos casos de ansiedade e depressão em 2020.

Entre as causas mais prováveis estão a correria do cotidiano, a pressão nos círculos sociais, profissionais e acadêmicos, as alterações hormonais e os conflitos emocionais que prejudicam o bem-estar psicológico. Apesar de atingir todas as idades, os mais acometidos são indivíduos entre os 60 e 64 anos, conforme aponta pesquisa do Instituto Brasileiro de Geografia e Estatística (IBGE).

Quando não é tratada, a patologia pode trazer consigo outros problemas, como ansiedade ou síndrome do pânico, além de prejudicar a vivência de quem a possui. O tratamento psicológico, por vezes atrelado à terapia medicamentosa, é essencial para que o paciente consiga lidar com a depressão e seus efeitos, sendo possível também incorporar atividades e técnicas que lhe trazem bem-estar para auxiliar durante o processo.

SUMÁRIO

1

INTRODUÇÃO

Engana-se quem pensa que a depressão é uma doença da modernidade. Há registros de que Hipócrates, médico grego que viveu entre 460 - 377 a.C, relatou o caso de uma mulher que sofria de uma intensa melancolia, acompanhada de insônia e perda de peso — alguns dos sintomas da depressão.

A doença pode surgir por inúmeros motivos decorrentes do cotidiano: fatores biológicos, psicológicos e ambientais têm uma importante influência nos quadros depressivos. Do ponto de vista psicológico, a depressão está relacionada a experiências de perdas significativas, como morte de um ente querido, desemprego, perda da moradia ou de status socioeconômico, doença grave ou crônica, ou de algo puramente simbólico e importante para aquela pessoa que não possa ser alcançado ou tenha sido perdido.

O quadro é preocupante, pois a depressão pode afetar completamente os hábitos do portador. A doença tende a prejudicar diversos setores da vida do indivíduo, como social, familiar, profissional, pessoal e conjugal. É possível que o paciente desenvolva necessidade de isolamento ou fobia social, tenha problemas familiares por sua irritabilidade excessiva, apresente dificuldades no trabalho pela falta de concentração, ganhe ou perca peso de forma repentina e inúmeros outros prejuízos ao longo do tempo.

De forma simples, a doença pode ser descrita como um transtorno psíquico, o qual apresenta sinais característicos. Quando o quadro se instala, o tratamento pode levar meses ou mesmo anos.

A depressão é uma patologia que atinge os mediadores bioquímicos envolvidos na condução dos estímulos por meio dos neurônios, que possuem prolongamentos que não se tocam. Entre um e outro, há um espaço livre chamado sinapse, absolutamente fundamental para a troca de substâncias químicas, íons e correntes elétricas. Essas substâncias trocadas na transmissão do impulso entre os neurônios, denominados como neurotransmissores, que modulam a passagem do estímulo representado por sinais elétricos. E, na depressão, há um comprometimento dos neurotransmissores que são responsáveis pelo funcionamento normal do cérebro.

Mesmo que o sinal mais conhecido da patologia seja a apatia frequente, essa doença psicológica não pode ser confundida com uma mera tristeza. Isso porque as tristezas do dia a dia são facilmente identificadas e, em geral, costumam ser passageiras. Assim que a questão é resolvida, ou melhor elaborada pela pessoa, a tristeza passa. Já o indivíduo deprimido pode ter dificuldades em associar algum fator desencadeante.

A doença e suas classificações

A depressão pode surgir como sintoma de várias circunstâncias: transtorno de estresse pós-traumático, demência, esquizofrenia, alcoolismo e doenças clínicas. Pode ainda ocorrer como resposta a situações estressantes, como abusos ou traumas, além de circunstâncias sociais e econômicas difíceis.

Enquanto síndrome, a doença inclui alterações do humor, de sono e de apetite, bem como vários outros aspectos, como mudanças cognitivas, psicomotoras e vegetativas. A depressão tem sido classificada de várias formas, dependendo do período histórico em que é estudada, da preferência dos autores da época e do ponto de vista adotado.

Melancolia: é considerada um princípio de depressão, para o qual os fatores genéticos são muito determinantes, e que responde melhor a tratamentos quando se busca controlar os níveis de cortisol (hormônio do estresse).

Depressão catatônica: acontece quando o comportamento de uma pessoa oscila entre períodos de extrema passividade e outros de agitação. Imobilidade quase total, atividade motora repetitiva, negativismo extremo e obediência ou imitação automática são os principais sintomas desse tipo de depressão. Como os sinais são evidentes, o tratamento consegue interromper a evolução para situações mais graves.

Sazonal: acontece em uma determinada época ou estação, geralmente no inverno e, inclusive, em festas de fim de ano. Uma das explicações para que esse tipo da doença se manifeste é em decorrência da ausência de luz, muito comum no inverno. Esse fator aumenta a produção de melatonina, hormônio que promove relaxamento e sonolência. Em excesso, ele pode levar o indivíduo à doença. A alteração de comportamento influenciada pelas mudanças de estação é mais comum no Hemisfério Norte, onde primavera, verão, outono e inverno são estações bem definidas. Sendo assim, aqui no Brasil, talvez não seja possível observar tão bem essa mudança.

Leve: ocorre quando a pessoa começa a agir de forma diferente do normal, apresentando menos energia para realizar suas atividades. Porém, sua condição ainda não oferece prejuízo funcional e de socialização. Assim, o paciente consegue seguir sua agenda e realizar todas as tarefas normalmente, mesmo que falte o sentimento de prazer. A depressão leve também é conhecida como distimia.

Moderada: além da perda de energia recorrente da fase leve, há o prejuízo funcional e social da pessoa, embora não seja totalmente incapacitante. No geral, é considerada uma continuidade da distimia não tratada adequadamente ou uma distimia que se torna crônica. É importante estar atento ao tempo que a doença está afetando o paciente, uma vez que, quando a depressão dura mais que dois anos, ela é conhecida como moderada, podendo abrir portas para que se instale um problema ainda mais sério.

Grave: a pessoa perde completamente o interesse pelo trabalho e pelos acontecimentos da vida. O quadro é disfuncional, podendo estar acompanhado de sintomas psicóticos e há sérios riscos de que a pessoa cometa suicídio. Ela tem origem orgânica, ou seja, geralmente é hereditária. Trata-se de uma tristeza profunda que demora para passar e se instala sem motivo aparente. Um sentimento muito forte de culpa costuma acompanhar os sintomas e, quando a doença se manifesta, o quadro tende a ficar grave, provocando alterações no sono, interferência nas atividades do cotidiano e falta de apetite. É comum que o tratamento seja feito com base em medicamentos receitados por um psiquiatra em conjunto com sessões de psicoterapia.

Psicótica: algumas vezes, pode ser que venha acompanhada de delírios e alucinações. Quando isso acontece, a doença é classificada como depressão psicótica. Os sintomas estão relacionados aos sentimentos de culpa e punição, e o portador tende a interpretar situações e problemas corriqueiros como defeitos pessoais.

Atípica: mau humor, sensação de fadiga, aumento da massa corpórea e do apetite são sintomas comuns desse quadro. Essa versão da é caracterizada por sensibilidade extrema, que têm a impressão de sofrer de rejeição, também sendo muito comum nos transtornos bipolares.

Pós-parto: após o nascimento do bebê, a pessoa é tomada por uma tristeza que se intensifica cada vez mais, a ponto de incapacitá-la de realizar tarefas comuns e de, inclusive, cuidar do filho. Isso pode acontecer por diversos motivos, mas principalmente porque o pós-parto é um período de deficiência hormonal, já que durante a gestação o organismo fica submetido a altos níveis de estrógeno e progesterona e, após o parto, o nível desses hormônios cai drasticamente, o que aumenta os riscos de depressão.

Depressão reativa: conhecida como transtorno de adaptação ou depressão secundária, inicia-se com um episódio depressivo, geralmente provocado por uma situação de estresse ou trauma sofrido, como luto, doenças graves ou crônicas, ou uma resposta ao uso de drogas.

A depressão em números

Segundo dados da Organização Mundial da Saúde (OMS), a depressão afeta 322 milhões de pessoas no mundo. O número aumentou 18,4% em 10 anos.

No Brasil, são mais de 11 milhões de pessoas com o transtorno. Quando se considera os últimos anos, a incidência é ainda mais alarmante: 11,3% dos brasileiros relataram ter recebido diagnóstico positivo entre setembro de 2021 e fevereiro de 2022, um nítido reflexo da pandemia da COVID-19. Os dados são da Pesquisa Vigitel 2021, um dos principais inquéritos do Brasil.

A depressão, ainda segundo o estudo, acomete mais mulheres (14,7%) em comparação aos homens (7,3%). Já de acordo com dados levantados pelo Instituto Brasileiro de Geografia e Estatística (IBGE) em sua Pesquisa Nacional de Saúde, existe uma prevalência maior entre moradores da área urbana (10,7%) em relação àqueles que vivem na zona rural (7,6%).

Diante desses números, fica explícito que a depressão, assim como outras doenças crônicas, como hipertensão ou diabetes, requer tratamento —que, às vezes, dura a vida toda. Mas, desde que seja seguido, é possível levar uma vida com qualidade. Para que se inicie o tratamento, é preciso que familiares e pessoas próximas compreendam a situação e ofereçam apoio ao paciente.

Ainda existe falta de informação, e por isso, quem nunca teve o transtorno pode não compreender a doença e, muitas vezes, não aceitar que um ente querido a tenha. São inúmeros casos em que a família ou os amigos ignoram quem está depressivo. No início, até entendem que o paciente está triste, mas após alguns dias se inicia a cobrança e o incentivo para ele melhorar.

Além disso, a depressão pode desencadear um transtorno de ansiedade, e vice-versa. Casos de estresse crônico também podem resultar em transtornos como a síndrome de *Burnout* (causada por exaustão e que leva a um desinteresse geral). Independentemente do problema, identificar o transtorno é o início para um tratamento bem-sucedido. A recomendação é buscar orientação médica o mais rápido possível, principalmente quando os sintomas começam a incomodar.

As causas do problema

Inúmeros fatores servem de gatilho para o surgimento de um transtorno emocional. As razões podem ser genéticas, cognitivas (modos de pensar da pessoa e da família em que ela cresce), por motivo de maus-tratos domésticos, ser vítima de bullying — um tipo de violência psicológica ou física que a pessoa sofre com recorrência —, pertencer a minorias sexuais devido ao preconceito que sofrem na sociedade ou luto por perda de entes queridos.

E aqui aparece um ponto importante: a sensação de pertencimento social como grande preventivo.

As perdas afetivas podem ser vivenciadas como falta da sensação de pertencimento, assim como estar fora dos padrões também pode ser uma causa. Justamente por isso que os transtornos cognitivos estão normalmente associados aos episódios de depressão. A doença é multifatorial, o que significa que é desencadeada por uma combinação de fatores de risco, como genéticos, hormonais e ambientais. Situações estressantes também podem servir de gatilho.

A genética é um fator importante para o desenvolvimento da depressão, por isso crianças com pais depressivos ou com outros transtornos emocionais costumam ter mais chances de desenvolver a doença. Contudo, é preciso haver uma combinação com os fatores ambientais. Assim, a doença pode estar mais relacionada ao ambiente em que se vive e à educação emocional que se recebe do que com a hereditariedade. Lares com adultos depressivos ou ansiosos também podem ser mais problemáticos, pois as crianças tendem a crescer com esses sentimentos, o que aumenta o risco de ter depressão. O mais importante não é simplesmente o fator externo, mas a interpretação dele.

Quando a pessoa se vê para baixo, acha que o mundo está contra ela e não consegue enfrentar as situações que a vida apresenta. Assim, vários sistemas neurais são enfraquecidos e o córtex pré-frontal direito começa a ser ativado. Então, há uma junção de elementos que podem ser considerados causadores: situação, interpretação, sistema neurológico de neurotransmissores e ativação do córtex pré-frontal.

Por dentro do cérebro depressivo

Sendo a central que comanda todas as nossas atividades corporais, é inevitável se questionar de que forma o sistema nervoso efetivamente se relaciona com a depressão. Além das causas já apresentadas, que envolvem genética e situações extremas, os estudiosos apontam certos fatores neurológicos que podem fazer com que a situação saia de controle e a depressão se instale.

É válido nos voltarmos àquela microestrutura tão importante quando o assunto é cérebro: os neurônios. Estima-se que existam mais de 86 bilhões somente em um cérebro, utilizadas para processar todas as informações, sejam elas motoras, sensitivas, cognitivas ou psíquicas.

Portanto, para ver, cheirar, sentir, tocar, andar, tomar decisões, memorizar, ficar triste ou feliz, com fome, com sede, com sono, enfim, precisamos das informações compartilhadas entre esses neurônios por meio da sinapse. Quando ela é química, se dá por meio de neurotransmissores como dopamina, serotonina, norepinefrina e acetilcolina. E é justamente um desequilíbrio bioquímico nesses neurotransmissores que pode provocar o transtorno. Afinal, a serotonina facilita as ligações neurais e é responsável por deixar a pessoa saudável para reagir diante das situações de estresse, o que ajuda a evitar a depressão.

A depressão acaba configurada, assim, como mudanças químicas no cérebro. Mas é muito mais do que isso, já que se relaciona com as emoções — e essas são afetadas pelo meio ambiente, principalmente nos dias de hoje, com tanta pressão da vida moderna. Assim, o transtorno de depressão, visto por uma questão neurológica e neuropsicológica, pode ser definido como um desequilíbrio de alguns neurotransmissores e de outras partes que compõem o sistema nervoso central.

Trata-se, portanto, de uma falha na neurotransmissão. Uma das hipóteses mais aceitas é a de que os sistemas monoaminérgicos não funcionam corretamente. Eles são compostos de neurônios que contêm neurotransmissores como norepinefrina e serotonina. Junto com a acetilcolina, exercem efeitos na modulação e integração sobre outras atividades corticais e subcorticais que estão envolvidas na regulação da atividade psicomotora, do apetite, do sono e do humor.

Um desequilíbrio nesses neurotransmissores mencionados pode provocar inúmeras consequências, como impulsividade, irritabilidade, baixa energia e depressão. Porém, como a doença tem uma variedade imensa de possíveis causas e sintomas, é complicado mensurar exatamente em que momento essa desproporção bioquímica acontece, afinal as situações depressivas podem surgir em intensidades e em tempos diferentes.

Com os estudos feitos até hoje, o que se pode afirmar é que o efeito cerebral da depressão é como um show de rock, em que algumas pessoas ficam paradas em um local e, em outras regiões, as pessoas pulam e empurram as demais que estão ao lado, gerando um efeito cascata de empurra-empurra. Portanto, dá para determinar onde está funcionando ou não a depressão, mas não se consegue identificar, até o momento, quem começou a empurrar a quem.

2

COMO CONSEGUIR DIAGNÓSTICO

Os sintomas da depressão não devem ser ignorados, principalmente quando começam a se manifestar, uma vez que, na fase inicial, o tratamento pode se mostrar mais eficaz. As consequências desse quadro podem levar à decadência cada vez maior da qualidade de vida da pessoa. Essa queda não só afeta a saúde como todas as relações interpessoais.

A reabilitação dessas pessoas depressivas junto com quem sofre de ansiedade custa, segundo a Organização das Nações Unidas

(ONU), um trilhão de dólares ao ano à economia mundial.

A depressão faz com que o indivíduo não consiga produzir neurotransmissores, pois vivencia sintomas de pessimismo e desencanto com a vida. Também apresenta dificuldades para tomar decisões e realizar tarefas, irritabilidade ou impaciência e, muitas vezes, dificuldade em terminar as coisas que começou.

No pior dos casos, o distúrbio pode virar razão para a pessoa tirar a própria vida, sendo essa a quarta causa de morte mais frequente de indivíduos entre 15 e 29 anos de idade, atrás de acidentes no trânsito, tuberculose e violência. Em todo o mundo, são mais de 700 mil vítimas de suicídio por ano, segundo dados fonecidos pela OMS.

Assim, embora seja de extrema importância, identificar a depressão ainda em seu estágio inicial, acaba sendo uma tarefa difícil porque os sintomas podem ser confundidos com reações normais no dia a dia. Geralmente, a doença começa como um leve cansaço, desinteresse por atividades sociais, vontade de se isolar, uma certa tristeza e uma visão pessimista das coisas.

Outro fator que dificulta o diagnóstico inicial é o fato de a pessoa ter passado anteriormente por episódios mais leves dos mesmos sintomas, mas acreditar que foi uma crise passageira. Inclusive, a depressão pode se manifestar em jovens adultos e se arrastar ao longo da vida com crises cíclicas, cada vez piores e mais prolongadas.

A tristeza é o sintoma principal do quadro. Nos casos mais avançados, é uma "tristeza que chega a doer", que vem acompanhada de angústia, desesperança, falta de energia, desânimo, lentificação cognitiva e dificuldades de memória. Há muitos sintomas que envolvem o diagnóstico da depressão, ou seja, a experiência de cada portador a pode variar. Se esses sintomas persistirem por mais de duas semanas ou se tornarem muito frequentes, é bom começar a prestar atenção.

Em muitos casos, a pessoa com depressão tem dificuldade em identificar os sintomas ou evita falar sobre o problema. Por isso, a família e os amigos têm um papel fundamental tanto para reconhecer os sinais da doença quanto no tratamento. Além disso, também podem auxiliar o paciente ao acompanhá-lo até o médico e mantendo a medicação sob vigilância durante o tratamento.

Para que o auxílio seja positivo, a família não deve jamais pressionar a pessoa ou rotulá-la. Além disso, procurar entender a depressão por meio de informação é uma boa maneira de evitar as críticas e os julgamentos, já que, assim, você compreenderá melhor pelo que a pessoa está passando e poderá ajudar de forma mais eficiente.

Os sinais mais recorrentes

Apesar de sabermos que se trata de uma doença da mente, é possível dizer que é um problema do cérebro mas que afeta o organismo como um todo. Entre os reflexos que um quadro depressivo pode causar, estão as alterações cardiovasculares, endócrino-metabólicas e no sistema imunológico — sendo que nenhuma dessas alterações é específica da depressão.

Um dos primeiros sintomas a surgir no paciente é a queda no vigor físico e mental. A sensação de fadiga e a falta de motivação e de prazer em realizar atividades cotidianas costumam preceder o fenômeno mais típico da doença, que é a profunda tristeza. A ligação entre depressão e tristeza é tão forte que, frequentemente, chegam a ser confundidas entre si.

A tristeza passageira faz parte da vida e não se pode nem se deve evitá-la. Mas, se o abatimento for constante, é sinal de que precisa ser melhor avaliado, pois esse sentimento mina nossa capacidade de reagir à vida, afetando o funcionamento saudável do corpo e da psique. Além disso, a sensação de melancolia pode levar a frequentes crises de choro e a distúrbios do sono e da alimentação. E isso se reflete nas noites em claro ou no descontrole alimentar, desencadeando uma série de distúrbios, como a ansiedade e a dificuldade de concentração, atenção e fixação de memória.

Além do sono, o apetite pode ser alterado — havendo falta ou excesso dele —, culminando em, respectivamente, perda ou ganho de peso. Essa queda na qualidade de vida pode desencadear uma baixa autoestima — imagem valorativa que cada indivíduo tem de si próprio. Na depressão, essa noção é atingida no aspecto que mais incomoda a pessoa. Os resultados podem ser a perda de interesse na vida e a incapacidade de expressar sentimentos positivos e, até mesmo, de ter prazer. Sem contar que, o baixo-astral leva o paciente a um profundo desânimo e ao consequente isolamento social.

Frequentemente, o afastamento é usado como defesa por quem enfrenta a depressão. Mas essa proteção, quando não administrada, pode virar um pesadelo no combate à doença. Ela gera efeitos que se retroalimentam: ao se isolar, a pessoa se sente só. Ao se sentir assim, ela se sente rejeitada, menosprezada ou desvalorizada, o que faz com que se isole mais ainda, aumentando a sensação de que não tem valor.

Em alguns casos, essa solidão pode levar ao pensamento suicida. De acordo com a OMS, o número de suicídios nas Américas aumentou 17% nas últimas décadas, enquanto a taxa global reduziu 36%. Para tentar lutar contra esse alto índice, a saída é estar sempre ao lado do paciente, colocando-se a serviço e nunca julgar ou recriminar o estado em que ele se encontra.

As pessoas ao redor de alguém com depressão precisam ter empatia, sensibilidade e incentivá-lo a procurar ajuda profissional.

Alertas físicos: o corpo também fala

Algumas dores — como a de cabeça, na lombar e a muscular — podem ser derivadas do quadro depressivo, já que o paciente apresenta uma queda no nível de serotonina e noradrenalina, causando alteração no sistema nervoso. Consequentemente, sua sensibilidade acaba sendo alterada, influenciando a sensação de incômodo.

Os circuitos e as áreas cerebrais envolvidos podem ter zonas de coincidência com os ligados à percepção da dor. Isso pode explicar por que existe essa sensação dolorosa aumentada. Além disso, incômodos estomacais e no peito também são comuns em pacientes com quadros depressivos. Outro ponto a ser ressaltado é a relação entre depressão e intestino, que é mais próxima do que podemos imaginar. Isso porque cerca de 90% da serotonina do corpo é produzida na região gastrointestinal. Ou seja, uma queda na produção do neurotransmissor tem efeito direto no funcionamento do órgão, podendo levar, inclusive, ao surgimento da síndrome do intestino irritável.

Os pacientes com depressão também são mais suscetíveis a doenças e infecções. Isso acontece porque o transtorno enfraquece o sistema imunológico, deixando o caminho livre para algumas ameaças ao organismo. A pessoa pode sentir qualquer desconforto, desde dores no corpo até um adoecimento considerado mais grave.

Procurando ajuda especializada

Quando você recebe o diagnóstico de transtorno mental, acaba tendo contato com uma vasta lista de profissionais que atuam nessa área da saúde. No entanto, nem sempre o papel de cada um deles é bem delimitado e, por causa disso, pode acontecer de não aproveitar ao máximo tudo o que o tratamento pode oferecer.

Psiquiatra: esse profissional é formado em medicina com especialização em psiquiatria. Essa especialidade se dedica ao estudo, tratamento e diagnóstico de transtornos mentais. Ou seja, nas consultas, o médico especialista procurará remediar os aspectos fisiológicos que acarretam a patologia, por meio de medidas farmacológicas e psicossociais.

Psicólogo: cabe a essa categoria a avaliação psicológica do paciente. Durante as sessões, o psicólogo conhecerá as ideias, os valores, os pensamentos e as emoções que definem o indivíduo, para assim chegar a um diagnóstico preciso sobre o que pode estar causando o desajuste emocional. Para atuar nessa profissão, é preciso ter graduação em psicologia.

Psicanalista: a psicanálise é um ramo da psicologia que busca analisar o subconsciente do indivíduo, tentando tratar distúrbios psicológicos e, assim, transformar a pessoa de forma benéfica. O especialista analisa a pessoa, suas falas e ideias e, por meio delas, auxilia na organização e ajuda o indivíduo a se conhecer melhor, favorecendo o tratamento das patologias.

Psicoterapeuta: para atender nessa categoria é preciso ter formação clínica (enfermagem, medicina ou psicologia) e uma especialização em intervenção psicoterapêutica. As psicoterapias são medidas que podem ser aplicadas individualmente, de acordo com o diagnóstico psicológico e psiquiátrico de cada paciente.

Psicopedagogo: essa especialidade analisa os diferentes processos de aprendizagem de crianças, jovens e adultos. O papel do psicopedagogo é encontrar as dificuldades e os transtornos que comprometem a capacidade de o indivíduo aprender novos conteúdos. O profissional auxiliará nas dificuldades de aprendizagem e nas emocionais, utilizando como técnicas jogos educativos e outras atividades com a família, exercitando a capacidade cognitiva e promovendo o equilíbrio emocional da criança.

Terapeuta ocupacional: cabe a esse especialista empregar atividades de trabalho e lazer no tratamento de distúrbios físicos e mentais. Ele pode trabalhar, por exemplo, promovendo a inclusão de crianças com deficiência nas escolas, reaproximando profissionais que foram vítimas de algum acidente de trabalho à sua rotina empresarial ou, ainda, reintegrando pessoas socialmente excluídas da vida social.

Enfermeiro: pode atender na área da saúde mental desde que faça uma especialização em psiquiatria. O enfermeiro é muito importante quando o paciente está internado, porque poderá acompanhar o desenvolvimento do tratamento e aplicar medidas para que o indivíduo possa se recuperar da melhor maneira possível.

Diagnóstico mais preciso

Boa parte dos casos de depressão são diagnosticados por tentativa e erro, com a exclusão de outras doenças que podem provocar sintomas similares. Porém, há estudos recentes que pretendem identificá-la com um exame de sangue. O método também deve ser capaz de diagnosticar os diferentes tipos de depressão, como a depressão grave associada ao transtorno de ansiedade.

Vinte e oito adolescentes, de 15 a 19 anos, participaram de uma pesquisa para identificar 11 marcadores químicos que, quando presentes no sangue, podem indicar as fases iniciais da depressão. Os marcadores foram encontrados em níveis diferentes em adolescentes depressivos e em jovens sem o problema. Foram escolhidos adolescentes porque formam um grupo vulnerável à doença, mas que apresenta dificuldade de diagnóstico, já que as mudanças de humor nessa fase são bastante comuns.

Mesmo com os avanços das pesquisas, hoje a forma principal de diagnóstico consiste na descrição feita pelo paciente dos sintomas mais comuns e na análise que o médico fará. Algumas vezes, é necessário que o paciente realize outros exames complementares, como um eletroencefalograma ou uma tomografia computadorizada de crânio, para excluir a possibilidade de doenças que tenham sintomas em comum com a depressão.

Como qualquer doença, o diagnóstico precoce pode proporcionar um tratamento mais eficiente contra a depressão: 85% dos pacientes apresentam remissão da doença quando ela é identificada e tratada corretamente. No entanto, estima-se que mais da metade dos casos não são diagnosticados precocemente. Portanto, sempre que houver dúvidas e ao menor sinal de qualquer sintoma, é aconselhável procurar um médico.

Grupos e fatores de risco

Determinadas fases da vida podem ser decisivas: primeira gestação, perda de um emprego importante, separação dos pais... Todas essas mudanças representam uma virada no cotidiano das pessoas e podem representar, também, um gatilho para o desenvolvimento da depressão. Existem certos grupos que são mais suscetíveis à doença, seja pelo momento em que está vivendo ou por fatores biológicos, como mudanças hormonais drásticas.

Mulheres: mais comum do que se imagina, a depressão pós-parto é uma doença grave e atinge grande parte das mulheres. Identificar e tratar a doença, além da compreensão por parte da família, são passos importantes para preservar a saúde da recém-mamãe e do bebê.

É normal a mulher se sentir insegura com o bebê, afinal aquele pequeno ser é totalmente dependente, principalmente dela. Por isso, reações de tristeza e estresse são comuns nos dias após o parto. Porém, se os sintomas persistirem por mais de 14 dias, é preciso procurar ajuda médica. Atitudes de rejeição em relação ao bebê são os principais sintomas, além de isolamento, não falar sobre o bebê, choro fácil e sentimento de raiva nos casos mais graves. Nesse momento é fundamental que todos que estão envolvidos, como o pai e familiares, não a julguem, acreditando ser crueldade da mãe.

Todas as mulheres experimentam a depressão pós-parto, só que os níveis variam de uma para outra. Não existe uma faixa etária mais propícia a desenvolver a doença. O mais comum é o surgimento do problema na segunda gestação. As causas podem ser várias, mas as principais são a queda abrupta de hormônios, histórico de depressão na família e a grande ansiedade que agrava as expectativas quanto à criação do bebê.

A doença não tem relação com a forma como é feito o parto, pois ela se desenvolve ao longo do período da gestação.

O pré-natal é essencial por diversos motivos, e detectar a depressão é um deles. O médico deve ficar atento aos sinais compulsivos e ao histórico da paciente. Caso seja notada alguma variação anormal, é indicado que a gestante seja encaminhada para um tratamento psicológico antes mesmo do nascimento do bebê. O melhor é procurar um atendimento psicoterápico, psicanálise e, em casos mais graves, um serviço de psiquiatria. Quando o diagnóstico é confirmado, inicia-se um tratamento à base de antidepressivos, sempre prescrito por um médico. A família deve tomar o controle da situação, cuidando do bebê e sem pressionar a mãe. A mulher deve se sentir segura e acolhida durante a recuperação, sem estar sobrecarregada de responsabilidades e julgamentos.

Muitos profissionais da saúde acreditam que a relação mãe-bebê é crucial para o desenvolvimento do pequeno. A depressão poderia afetar o recém-nascido, já que o não acolhimento pode causar um mau desenvolvimento da criança. Como a mulher depressiva não está em condições de se entregar a esses cuidados, a responsabilidade é passada para o pai ou parentes próximos. Assim que o quadro da mãe estiver estável, ela voltará aos poucos a dar atenção ao filho, sem grandes consequências para ambos.

Idosos: é comum escutar um idoso falar que já não é mais útil e que acredita que atrapalha a vida dos familiares. Para quem trabalhou, cuidou da casa e dos filhos, que foi ativo a vida toda, realmente não é fácil chegar ao ponto que a rotina muda e novas limitações surgem. Porém, é preciso lidar com a situação de forma tranquila, com compreensão e atenção. Assim, fica fácil enxergar que cada idade tem seus prazeres.

A depressão é uma das doenças que mais acomete os idosos. Limitação física, restrição em elaborar novos projetos de vida, falta de atividades que preencham o tempo livre e morte de amigos e parentes são as principais causas que levam ao problema. A última causa, em especial, influencia o idoso a pensar que sua morte está próxima. Mas essa constatação pode ser encarada de duas formas: aproveitar melhor o tempo livre ou acreditar que não dá para fazer mais nada e se entregar a esse sentimento. A escolha é um indício de como a pessoa está encarando o envelhecimento.

É preciso ter atenção ao comportamento do idoso, pois é normal que alguns sintomas, como insônia, apatia e diminuição do apetite, por exemplo, comecem a surgir a partir dos 60 anos, e não são necessariamente ligados à depressão, mas sim a algumas outras doenças dessa fase. Ela pode surgir por diversos outros problemas, como a falta de socialização e atividades que proporcionam prazer e alegria. Por esse motivo, os familiares acreditam que aquele silêncio e reclamações constantes podem ser somente consequências do envelhecimento.

É importante ressaltar que, quando o convívio social está prejudicado, pode ser o momento de tomar alguma atitude. Caso os sintomas permaneçam, se intensifiquem e se ampliem, é necessário procurar um profissional especializado para ajudar o idoso a rever sua vida e a melhorar sua qualidade.

Crianças e adolescentes: é de se pensar que crianças e adolescentes não possuem motivos para ficar deprimidos. Brincar, estudar, dormir, crescer. Aparentemente não há nenhum problema nisso. Entretanto, estudos apontam um aumento na incidência de depressão infanto-juvenil. Se já é difícil para um adulto identificar a doença e conseguir expô-la, imagine para uma criança. Por isso, é importante que os pais ou responsáveis estejam sempre atentos ao comportamento dos pequenos. A criança não sabe nomear as emoções e é o adulto quem dá significado às queixas que vão ser nomeadas, como raiva, compulsão, tristeza, ansiedade ou angústia. Ela tende a transformar o sofrimento psíquico em físico e a queixar-se de problemas como dores de cabeça, de barriga e no corpo.

Na maioria dos casos, existe um componente genético responsável por desencadear quadros de depressão infantil. Porém, também há outros fatores que influenciam no aparecimento do problema, pois geram estresse que desgasta a criança ou adolescente, e conduzindo-a a um quadro depressivo.

Em alguns quadros, a depressão pós-parto pode ter relação com a depressão infantil, pois a doença é um forte indício de que a mãe já tinha uma tendência para a depressão. Assim, há o componente hereditário, além do comportamento da mãe em relação ao bebê. Além disso, a falta de afeto nos primeiros meses de vida tende ao surgimento do sentimento de inadequação.

A depressão leve é tratada, principalmente, com psicoterapia e orientações repassadas aos pais, mas em casos mais graves, é necessário também o uso de medicamentos, em que se combina a ação do psicólogo com a do psiquiatra. A vantagem é que a criança responde muito mais rápido aos medicamentos e à psicoterapia do que os adultos e, por isso, o tempo de intervenção tende a ser bem menor. Como toda doença, o tratamento é fundamental.

No caso das crianças, o descuido pode fazer com que a depressão se estenda à adolescência e à fase adulta, gerando consequências no aprendizado, nas relações sociais, na autoestima, entre outros. Se não tratada, a depressão pode gerar alguns sintomas ainda na infância, o que interfere no desenvolvimento do pequeno. Sono prejudicado, que atrapalha o aprendizado e o equilíbrio do organismo, além de alimentação desequilibrada, desenvolvendo compulsão alimentar ou falta de apetite, são as principais manifestações.

3

POSSÍVEIS CONSEQUÊNCIAS

Segundo dados do Anuário Brasileiro de Segurança Pública, os casos de suicídio no Brasil aumentaram 11,8% em 2022, em relação ao ano anterior. No entanto, analisar esses dados é uma tarefa bastante complexa, uma vez que não existe um panorama específico para saber o que leva alguém a chegar a tal ponto.

O que se sabe é que esse ato ocorre como decorrência da extrema dificuldade de lidar com problemas e conflitos internos, cujas motivações podem ser variadas.

É comprovado que alguns casos de suicídio estão associados à depressão ou ao transtorno bipolar. Entretanto, mesmo entre esses quadros, o número de indivíduos que chegam a cometer esse ato é minoria. Além disso, pessoas com doenças terminais estão inclusas nas estatísticas, bem como aquelas que não apresentam patologia alguma.

Na verdade, não se trata de um resultado de algo ou de um evento isolado, mas sim de uma interação complexa de muitos fatores de ordem biopsicossociais. Os elementos que podem estar atrelados aos impulsos da morte são: pressão interna causadora de sofrimento psicológico, sentimentos guardados e não trabalhados, e até abuso de substâncias como álcool e psicoativos.

Atenção aos sinais

O indivíduo que pensa em cometer suicídio pode, algumas vezes, não apresentar tristeza ou desesperança. Não é como uma doença que gera marcas ou que transforma os comportamentos de alguém de forma brusca. O problema costuma agir gradual e silenciosamente no emocional da pessoa. Mas alguns sinais podem indicar que algo está errado e é preciso buscar ajuda, ou socorrer quem passa por essa situação.

Existem três características marcantes em suicidas que devem ser analisadas. A primeira é a ambivalência, ou seja, as vontades de escapar dos problemas e de se manter vivo ocorrem ao mesmo tempo — trata-se de um verdadeiro duelo de emoções profundas. Outra marca é a dos pensamentos rígidos, na qual o suicídio é visto como única maneira de superar um problema. Por fim, outro atributo comum é a impulsividade, indicando situações negativas que desencadeiam situações extremas.

Todo esse espectro, entretanto, não é tão evidente para leigos. Psicólogos podem detectá-lo com mais facilidade. Assim, é preciso uma análise adequada, pois, quadros clínicos de distúrbios da mente tendem a alterar as características e a tornar a situação mais complexa.

Fique atento caso alguém comece a apresentar mudanças comportamentais, como isolamento social, alterações no sono e no apetite, agitação, sentimentos de culpa e desânimo. Outra manifestação frequente é quando a pessoa passa a desvalorizar a própria vida. Esses podem ser sinais de tendência ao suicídio. Dificuldades com memória, concentração e tomada de decisões também podem servir como indicadores.

A fala de um suicida pode demonstrar suas intenções. Ouvir manifestações de que essas pessoas não veem mais alegria na vida ou que seria bom caso acontecesse algo com elas e até que desejariam morrer para se livrarem dos problemas são alguns exemplos. Em casos de transtornos psicóticos, os pacientes costumam não falar sobre isso, pois apresentam dificuldades de expressar emoções e sensações.

Uma característica marcante no comportamento de quem pensa em suicídio é a elaboração do ato. Esses indivíduos podem organizar suas finanças para não gerar danos à família e, algumas vezes, despedem-se de maneira velada dos entes mais queridos. Há casos de pessoas que relatam seu estado mental, desculpam-se pelo que estão fazendo e até expõem os fatores que as levaram a tirar a própria vida.

Identificar quem tem propensão a cometer suicídio pode não ser tarefa fácil, uma vez que os sinais citados podem passar despercebidos. Mas, uma estrutura familiar saudável pode assegurar melhores condições de vida para aqueles que passam por essa situação. Mas é preciso informação para reconhecer os indicadores, além de debate sobre situações de pressão e uma cultura voltada à expressão dos sentimentos para que se garanta um quadro positivo para o futuro.

Relação com a comida

A alimentação é vista como afeto pela cultura humana. Nosso primeiro contato com a prática é por meio da amamentação. Quase todo encontro humano acontece ao redor de uma mesa. Nesse sentido, comer pode substituir uma falta de afeto, ser uma tentativa de aplacar a solidão e a baixa autoestima. A comida preenche simbolicamente o vazio emocional. Assim, a compulsividade por comida pode ser por nervosismo, ansiedade e tristeza, especialmente quando não se quer entrar em contato com os próprios sentimentos. A comida promove satisfação e sensação de bem-estar — embora momentâneas.

Dois sintomas da depressão que podem levar à obesidade: prostração e insônia. A falta de ânimo faz com que o indivíduo se exercite menos, ou até deixe de fazê-lo. Logo, a queima de calorias é insuficiente para equilibrar o acúmulo de gordura. Dormir pouco ou mal diminui a produção de leptina, hormônio que regula a queima de gordura, e aumenta a de grelina, que estimula o apetite. Ou seja, além de cansada e deprimida, a pessoa pode ficar mais pesada do que se espera em termos de saúde e conforto.

De acordo com a Associação Brasileira para o Estudo da Obesidade e da Síndrome Metabólica (Abeso), a influência da obesidade no surgimento do quadro depressivo poderia ocorrer pela resistência à insulina ou mesmo por processos inflamatórios, que afetariam o combate aos hormônios estressores e prejudicariam outros responsáveis por sensações de prazer e bem-estar. A obesidade é um fator de piora de qualidade de vida tanto físicas quanto psicológicas, pois, não se pode esquecer da pressão exercida pelos padrões de beleza atuais e do estigma disseminado contra a obesidade.

Reação em cadeia

O estado depressivo influencia diretamente o bem-estar mental, no entanto a tristeza constante também pode ser o gatilho para o desenvolvimento de outras doenças. A depressão desregula o sistema biológico, gerando alterações de apetite e de sono. Isso causa reações suficientes para provocar uma queda brusca da imunidade, deixando o paciente vulnerável a doenças infecciosas e autoimunes. A baixa imunidade predispõe a pessoa a complicações.

Problemas de pele: coceiras sem causa e algumas lesões de pele podem ter como motivos os distúrbios psíquicos. A queixa de coceira generalizada pode significar um estado de extrema ansiedade, capaz de levar pessoas a começarem a pensar em suicídio. Lembre-se também de que a depressão, em casos mais agravados, tende a fazer com que o paciente pratique a automutilação, gerando uma série de lesões graves na pele.

Alterações cardiovasculares: pessoas depressivas ainda possuem uma maior chance de morrerem em decorrência de problemas cardiovasculares. Segundo pesquisas, a gravidade da situação é registrada de maneira ainda mais agressiva em mulheres e em jovens entre 18 e 30 anos. Os transtornos depressivos provocam alterações no sistema nervoso e elas podem causar infarto, então o cuidado deve ser redobrado.

Alterações endócrinas: perda ou excesso de apetite em quadros de depressão desregulam de forma severa a alimentação dos pacientes, acarretando à perda ou ao ganho excessivos de peso, o que pode causar uma série de doenças, como anemia, desnutrição, diabetes e até mesmo obesidade. Não se esqueça de que uma pessoa saudável tem como aliada uma dieta balanceada.

Outros problemas psíquicos: a ansiedade anda de mãos dadas com a depressão. No estado ansioso, o paciente apresenta aspectos psicológicos como apreensão, hipervigilância e profunda irritabilidade. O corpo pode ser afetado por meio de taquicardia, tensão muscular, fadiga e dores de cabeça e lombares. Outras características são a baixa produtividade e a deterioração do quadro depressivo e suas doenças relacionadas. O melhor a fazer é buscar ajuda profissional. Lembrando que a ansiedade pode surgir em decorrência da depressão, mas que também se apresenta como uma doença psicossomática independente, então é sempre recomendável observar os sintomas.

Compulsão alimentar: o Transtorno da Compulsão Alimentar Periódica (TCAP) é explicado pela presença de uma impulsividade alimentar significativa e disfuncional. Pode existir a influência de fatores ambientais, psicológicos e fisiológicos na origem e na manutenção do TCAP. Problemas psicológicos como ansiedade e depressão, podem acarretar em um aumento do peso em pouco tempo.

Obesidade: pode ser desencadeada por vários fatores, dentre eles genéticos, neurológicos, socioeconômicos e psicológicos, como a depressão. Em alguns casos, o apetite pode aumentar, como na depressão atípica, e está relacionado a sintomas de ansiedade: a comida representa uma forma de fuga, é a procura pelo prazer em algo que dá uma sensação transitória de felicidade, bloqueando momentaneamente as frustrações.

A importância do autoconhecimento

Clinicamente, a depressão não apresenta nenhum benefício: muitas pessoas se entregam a um estado de sofrimento e de profunda tristeza, e paralisam suas vidas. Com isso, tornam-se incapazes de exercer qualquer atividade cotidiana, como sair de casa. Porém, pode existir um lado positivo nessa situação. Embora seja difícil de acreditar em primeiro momento, a depressão requer um profundo exercício de autoconhecimento e funciona como importante processo de reflexão e mudança para o indivíduo.

Tudo o que nos causa uma crise é uma oportunidade de definirmos novas perspectivas de vida. Muitas vezes, doenças como a depressão desencadeiam alterações na zona de conforto do existir e provocam reflexões, sentimentos e redecisões de como viver.

O fato de ser possível superar dificuldades, doenças graves ou perdas, inclusive da saúde mental, em geral, eleva a pessoa a outro grau de compreensão, de sentido da vida, proporcionando desapegos necessários.

Como mencionado, a depressão cria uma sensação de tristeza extrema que toma conta de todos os aspectos da vida. Em alguns casos, os indivíduos são acometidos por uma sensação tão negativa que acreditam que a única solução dos problemas é a morte. Porém, quando exibem um quadro mais controlado e conseguem se livrar dessas sensações de impotência, o instinto de vida ressurge. Ocorre um desejo de mudanças de postura, que pode estar relacionado a várias esferas da vida: crenças, atitudes, comportamentos em sociedade e alimentação.

4

O QUE EXISTE DE TRATAMENTO?

Seja nos casos mais graves ou nos que estão ainda no princípio, contar com um acompanhamento é essencial para voltar ao estado de espírito usual. A depressão é um sintoma de falta de conexão consigo mesmo. A pessoa se perdeu e é necessário se reencontrar, localizar o propósito de sua vida. E, para tanto, precisa se conhecer.

No processo de autoconhecimento, a relação do indivíduo com o ambiente é fundamental para fortalecer suas forças internas. Para alcançar esses resultados, os profissionais que cuidam das saúdes mental e física do paciente utilizam diversos recursos, como a psicoterapia. Esse tipo de terapia auxilia a pessoa a explorar a raiz da sua depressão e, com isso, compreender as razões que acarretaram a doença, buscando, dessa forma, os caminhos para uma vida saudável.

O emprego isolado de psicoterapia é possível em casos específicos, especialmente se o episódio depressivo tiver uma origem facilmente identificável. A psicoterapia é útil em pacientes incapazes de tolerar medicamentos ou que não estejam dispostos a se submeterem ao tratamento medicamentoso.

Também é recomendada a pacientes com dificuldades interpessoais ou com sentimentos de desesperança. Porém, ela não deve ser vista como substituta do tratamento medicamentoso, pois os melhores resultados são obtidos pela combinação de terapia farmacológica e psicoterápica. Nos casos de depressão grave é necessária a intervenção do psiquiatra, devido à necessidade de medicamentos que interferem clinicamente no organismo, quando há diminuição na produção dos hormônios responsáveis pelo humor, vontade, prazer e alegria.

As terapias mais conhecidas

Existem vários tipos de psicoterapia, com diferentes abordagens, inclusive com variações de um país para o outro, devido às particularidades culturais. No entanto, as que têm se mostrado mais eficientes são a terapia cognitivo-comportamental (TCC) e a terapia interpessoal (TI).

TCC: é uma combinação de duas correntes terapêuticas, a cognitiva e a comportamental. A cognitiva, resumidamente, ajuda os pacientes a terem uma visão mais positiva dos acontecimentos, uma vez que parte do pressuposto de que é o modo como as pessoas encaram os eventos, que determina o significado deles na vida das pessoas.

Já a comportamental procura desenvolver nos pacientes um padrão de resposta diferente diante das dificuldades da vida. Ou seja, uma vê o modo como a pessoa apreende os significados (ou interpreta os fatos) e a outra, como reage. A interação dessas diferentes abordagens tem um grande potencial de mostrar à pessoa deprimida novas perspectivas diante dos acontecimentos vistos como negativos.

TI: é um tratamento de tempo limitado, geralmente realizado em 16 sessões (uma por semana) e funciona bem na fase aguda de alguns tipos de depressão, com ou sem uso associado de medicamentos. Em geral, dá mais importância às relações interpessoais atuais e não passadas e, com isso, procura ajudar o paciente a lidar com os problemas criados ou associados ao episódio depressivo. A TI procura se concentrar no que os terapeutas chamam de "área problema", sendo as mais comuns, quando se trata de depressão, o luto (perda de alguém muito querido), as disputas interpessoais (com parceiro, filhos, outros membros da família, amigos, companheiros de trabalho), as mudanças de papéis (novo emprego, saída de casa, término dos estudos, mudança de casa, divórcio, alteração de status econômico ou transformações), além dos déficits interpessoais (como solidão e isolamento social).

Medicações recomendadas

Assim como a maioria das doenças, a depressão também elenca alguns remédios indicados para um tratamento eficiente. Por se tratar de um desequilíbrio químico no cérebro, os medicamentos antidepressivos têm a finalidade de atuar diretamente nesse problema. Eles agem modificando a neurotransmissão (comunicação entre os neurônios), aumentando a quantidade de um ou mais neurotransmissores na fenda sináptica (espaço entre os neurônios). Além disso, inibem sua recaptura ou sua metabolização, fazendo com que a disponibilidade dessas moléculas seja maior.

Atualmente, há diversas classes de medicamentos disponíveis no mercado para o tratamento da depressão. Essa variedade acontece devido às diferentes formas de ação das substâncias.

Os antidepressivos podem ser classificados de acordo com a estrutura química ou propriedades farmacológicas. Isso permite que cada remédio seja indicado dependendo de alguns fatores, como sintomas, uso de outros medicamentos, doenças já existentes, idade, peso corporal... Ou seja, o tratamento torna-se mais individualizado.

Os primeiros medicamentos utilizados no combate à depressão surgiram em 1958, denominados tricíclicos. Com uma estrutura apresentando um núcleo com três anéis, o remédio atua como inibidor de recaptação dos neurotransmissores da serotonina e da noradrenalina e é mais eficaz em casos de depressão crônica ou profunda. O remédio age vedando os neurônios, o que aumenta a atuação dos neurotransmissores.

Uma segunda classe de remédios é a dos inibidores da monoamina oxidase, mais conhecidos como IMAO. Eles promovem um aumento gradual da disponibilidade da serotonina, já que inibem a atuação dessa enzima responsável pela degradação do neurotransmissor que regula o humor. Os IMAO são mais usados para a depressão de longa duração.

Mais recentemente, uma nova família de medicamentos foi introduzida no mercado. Os inibidores seletivos da recaptação de serotonina

(ISRS ou SSRI, na sigla em inglês) se diferenciam pelo fato de intervirem diretamente no aumento do nível de serotonina, ao inibir sua recaptura pelo neurônio pré-sináptico. Assim, a serotonina fica mais disponível para o cérebro em si, facilitando a comunicação neural, além de favorecer a criação de novos neurônios, o que reforça a atividade dos circuitos cerebrais.

Contudo, alguns estudos sugerem uma menor efetividade em relação às outras categorias de antidepressivos, sendo assim seu uso é indicado apenas em caso de depressão moderada. Por outro lado, os riscos decorrentes dos ISRS são menores se comparados aos de outras classes, o que contribui para que esses sejam os mais receitados atualmente em todo o mundo.

Efeitos colaterais

Existe uma grande dúvida em relação à possibilidade de dependência causada pelo uso dos antidepressivos. Um dos motivos para essa imagem negativa dos medicamentos se dá pela utilização de ansiolíticos no tratamento da depressão. Ansiolíticos têm a capacidade de controlar a ansiedade, induzir o sono e colocar a pessoa em estado hipnótico. Os fármacos dessa classe são empregados apenas pelo tempo necessário, já que agem em neurotransmissores diferentes dos antidepressivos, além de diminuírem algumas das atividades dos neurônios, sendo necessários cuidados médicos constantes. Entretanto, os medicamentos antidepressivos não causam tanto perigo assim. Essa impressão ruim das substâncias é provocada pela duração do tratamento, muitas vezes realizado em longo prazo, o que deixa a sensação de que eles realmente levam ao vício.

Vida sexual

Outro sintoma muito comum nos quadros depressivos é a perda de libido: até 50% dos pacientes que não são tratados apresentam alguma disfunção relacionada ao sexo. No entanto, o problema pode aparecer exatamente em quem faz o tratamento medicamentoso. Cerca de 60% das pessoas que fazem o uso de antidepressivos afirmam ter o ato sexual comprometido devido à ingestão dos remédios. Os efeitos colaterais relacionados à utilização de medicamentos podem alterar qualquer uma das três fases do ciclo de resposta sexual: a libido, a excitação (lubrificação na mulher e ereção no homem) e o orgasmo. No entanto, já existem alternativas que não comprometem a vida sexual do paciente, como a administração de bupropiona, um princípio ativo de remédios para depressão que promove o aumento de dopamina no cérebro, e é receitada no combate à perda de libido.

Soluções complementares

Não é só com medicamentos que se consegue tratar a depressão. Além de acompanhamento psicológico, há outras opções de tratamentos vistos como alternativos e que demonstram resultados muito satisfatórios. Quer seja para a prevenção ou tratamento da doença, a realização de atividades que buscam a harmonia do organismo é uma excelente opção a se tentar.

Yoga

O yoga vê o ser humano em seus aspectos físicos, energéticos, mentais e espirituais, e essa visão é fundamental na prática da terapia em casos de depressão. As enfermidades são consideradas pelo yoga como resultado da sensação interna de separação, fragmentação do indivíduo. É se sentir desconectado de uma força superior, do mundo, das outras pessoas e de si mesmo. A prática traz de volta o senso de união.

Nos casos de depressão, o yoga estimula o indivíduo a se reencontrar consigo mesmo, prendendo a atenção em seu corpo, na sua respiração e se sentindo novamente conectado com uma dimensão mais sutil. Por meio das posturas, os adeptos garantem que a energia volte a circular adequadamente no corpo. Posturas com foco na abertura do peito trazem a sensação de vida novamente para o praticante.

Pessoas que já fazem tratamento médico ou psicoterápicos contra a depressão podem optar pelo yoga como um complemento, potencializando os resultados já alcançados. O relaxamento também ajuda a controlar o estresse, um dos sintomas que podem desencadear a depressão. A visão da doença pelo yoga é a de que o deprimido está com exaustão de energias, mas a mente continua bastante acelerada.

Tanto para tratar como para prevenir, há um ramo do yoga com foco na aplicação terapêutica. Conhecida como yogaterapia, o paciente é atendido por um yogaterapeuta que faz uma avaliação e monta uma estratégia individual, diferente das aulas em grupo.

O mais indicado é sempre praticar o yoga juntamente com o acompanhamento de um instrutor capacitado para isso. Assim, evitam-se erros de execução das posturas e técnicas de respiração. Mas nada impede que o paciente realize os movimentos em casa, porém é importante que o praticante tenha um conhecimento prático prévio.

O ideal das aulas tradicionais, em grupo, é realizá-las duas vezes por semana. Já as sessões de yogaterapia são recomendadas uma vez por semana, pois são indicadas pequenas tarefas para o paciente fazer todos os dias em casa.

Musicoterapia

O tratamento parte do princípio da possibilidade do ser humano pensar, sentir, buscar e direcionar necessidades. Agindo de forma suave e prazerosa, a musicoterapia faz uso das inúmeras potencialidades da música e seus elementos para atingir as necessidades terapêuticas de cada indivíduo. No caso da depressão, o musicoterapeuta trata o paciente em busca de uma qualidade de vida. A música aparece em musicoterapia como um agente de mudança, pronto para abrir caminhos novos e saudáveis, sempre respeitando o contexto de vida de cada um. Essa terapia fornece ao indivíduo a possibilidade de se desenvolver e se tornar apto a enfrentar os problemas presentes ou futuros com mais leveza e clareza. Também indicada para a prevenção da depressão, proporcionando maior autoestima e autoconhecimento, a musicoterapia é mais eficaz quando feita com o auxílio de um profissional.

Acupuntura

A técnica age por meio do equilíbrio energético no organismo, seja ele físico, emocional ou bioquímico. Uma vez corrigido o desequilíbrio, os sintomas da depressão tendem a desaparecer e a pessoa passa a se sentir mais disposta, feliz e capaz de desfrutar de uma melhor qualidade de sono e concentração.

A terapia é indicada tanto para tratar quanto para prevenir a depressão. A base do tratamento da acupuntura é que todas as doenças começam com um desequilíbrio energético em algum ponto do organismo. Por exemplo, se a depressão já estiver instalada, busca-se tratar sua causa, reequilibrando a energia do paciente e proporcionando uma melhora dos sintomas.

Desde os primeiros sintomas da depressão ou com o quadro avançado, a acupuntura exerce seu papel. Quem tem histórico familiar da doença ou passou por algum trauma pode procurar a terapia como prevenção.

Outra indicação é para pessoas com cicatrizes. Muitas vezes a cicatriz gerada por cirurgias pode causar um desequilíbrio energético e originar diversos sintomas, como desânimo, cansaço e alterações de humor. Nesses casos, bastam poucas sessões para promover esse reequilíbrio. A duração do tratamento varia de paciente para paciente, pois cada organismo tem um tipo de reação. Entretanto, a média são três meses de acompanhamento com o profissional.

5

ORIENTAÇÕES PROFISSIONAIS

Uma boa alimentação é um dos fatores que podem influenciar tanto na prevenção quanto no tratamento da depressão. Como já mencionado, nosso cérebro produz certos neurotransmissores que são relacionados ao humor, como a serotonina, a dopamina e a noradrenalina. Estes últimos proporcionam a disposição e são produzidos pelo cérebro com o auxílio de um aminoácido chamado tirosina, encontrado em peixes, carnes magras, leguminosas, castanhas, leite, iogurte desnatados e em algumas frutas, como a banana.

Já a serotonina, liberada também por meio do consumo de alimentos como o chocolate, tem influência no estado de ânimo, sensação de bem-estar e humor. Para ser fabricada, ela também depende da presença de um aminoácido, o triptofano, igualmente encontrado em peixes, carnes magras, leite e iogurtes desnatados, além de queijos brancos, nozes e leguminosas. Dessa forma, o consumo ou a ausência de alimentos com essas substâncias pode influenciar no humor de uma pessoa. Sendo assim, o mais natural seria pensar que basta um suprimento infinito de chocolate para que o desânimo não apareça — não por acaso, o doce é bastante requisitado durante o delicado período da tensão pré-menstrual (TPM), em que a mudança nos hormônios causa visíveis alterações no humor. Para os admiradores ferrenhos do cacau, infelizmente, tal lógica não vale.

Alimentos como mel, bolos, bolachas e bebidas doces, especialmente refrigerantes, provocam excesso de açúcar no sangue e no cérebro, com uma rápida alta de serotonina e, em seguida, uma queda abrupta da mesma substância, o que provoca ânsia por consumir mais açúcar. A ingestão desses alimentos, que são muito calóricos, aumenta o peso em pessoas sedentárias, o que pode ocasionar problemas com a autoestima e com a saúde. Ou seja, a busca pelo prazer em curto prazo terá um preço caro a se pagar mais adiante. O mesmo também se estende para outras iguarias de dar água na boca, como pizza, hambúrguer e batata frita, além do consumo de outros hipercalóricos, como os alimentos fritos e gordurosos, em que se enquadram manteiga, margarinas, queijos gordos e molhos industrializados. Além disso, é muito importante evitar o excesso de cafeína, pois essa substância aumenta a ansiedade, gerando alterações do humor e, ainda, inibe a absorção do ferro, podendo causar anemia.

Alimentos para incluir no cardápio

Certos ingredientes são benéficos por suas propriedades calmantes e estabilizadoras do estado de ânimo ou humor. São eles:

Cereais integrais: favorecem a disposição e são fontes de carboidratos, ricos em vitaminas do complexo B e ômega-3. O arroz integral é uma ótima fonte de vitamina B1, B2 e ácido fólico e pode ser consumido diariamente.

Salmão, sardinha e atum: ricos em ômega-3 e vitaminas do complexo B, atuam como antidepressivos naturais.

Repolho e couve: fontes de vitamina C e ácido fólico, ajudam a combater a depressão, o estresse e doenças cardíacas.

Abóbora: contém altas proporções de vitamina B6 e ferro, que são elementos muito importantes para converter o açúcar no sangue em glicose, que é o combustível do cérebro.

Leite: o cálcio é ótimo para controlar irritabilidade, especialmente durante o período da TPM.

Espinafre e verduras escuras: fontes de magnésio, que é auxiliar na produção de energia.

Banana: além de ser uma ótima opção para ser consumida como sobremesa, essa fruta é rica em carboidratos, potássio, ferro, fibras e vitaminas B6 e C. Ela também garante um sono tranquilo, diminui a ansiedade e é capaz de proporcionar energia e disposição para o dia inteiro.

Jabuticaba: possui vitaminas B1, B2, ferro e sais minerais. O ferro combate a anemia e as vitaminas do complexo B atuam como antidepressivos.

Maçã: é fonte de fibras e antioxidantes. As fibras são responsáveis pela saciedade, fazendo com que a pessoa coma menos. Já os antioxidantes preservam a saúde das células.

Laranja: fonte de vitamina C, flavonoides e cálcio, ela beneficia o funcionamento correto do sistema nervoso. Suas folhas têm propriedades calmantes, por isso também é indicada para pessoas que sofrem de insônia.

Maracujá: é rico em fibras, potássio, cálcio e vitaminas A e C. Seu chá possui ação tranquilizante, aliviando o nervosismo e a insônia. Além disso, a fruta contém a fibra pectina, que age como um gel no estômago, dando mais saciedade.

Tomate: comum no prato de muitos brasileiros, ele contém sais minerais como ferro, fósforo e manganês, além de vitaminas A, C e do complexo B, que agem como antidepressivos no organismo.

Erva-doce: com aroma e sabor bastante característicos, essa planta tem inúmeros benefícios para o organismo, entre eles a ação calmante e contra insônia.

Grão-de-bico: contém fibras, magnésio, fósforo, potássio, cálcio, ferro, vitaminas E e do complexo B, além do aminoácido triptofano, o qual estimula a produção de serotonina, hormônio responsável pela sensação de bem-estar.

Ovos: eles podem ser consumidos de diferentes maneiras e são ricos em vitaminas do complexo B (tiamina e niacina), ácido fólico e acetilcolina, responsáveis pelo bom humor. A falta desses nutrientes pode causar ansiedade, apatia e perda de memória.

Camomila: seu chá é recomendado como calmante, pois diminui a ansiedade e controla o desejo por doces.

Chia: é fonte de ômega-3, além de proteínas de alto valor biológico, fibras e antioxidantes, dando ao alimento a capacidade de combater os radicais livres. Além disso, tem ação anti-inflamatória e grande poder de absorção de glicose. Outra grande propriedade da chia para a saúde é o combate à depressão e ao mau humor, afastando também a ansiedade.

Abacate: a fruta também deve fazer parte do cardápio para espantar de vez a ansiedade. Isso porque possui nutrientes que controlam os níveis de cortisol, um hormônio ligado à irritação e ao nervosismo. O abacate ainda é riquíssimo em gorduras monoinsaturadas, como o ácido oleico, substância que previne o acúmulo de colesterol ruim (LDL) no sangue e mantém as taxas do bom (HDL) em dia.

Limão: assim como a laranja, o limão possui vitamina C, que ajuda a diminuir a secreção de cortisol. A fruta ainda possui geraniol, uma substância capaz de inibir a multiplicação das células cancerosas.

Atividades físicas que ajudam

Os exercícios melhoram a qualidade do sono e liberam os hormônios responsáveis pela sensação de bem-estar. Mas não os pratique à noite, já que isso mantém o cérebro agitado. Caso só possa se exercitar após às 18 horas, opte pela meditação, que se concentra em movimentos controlados e que melhoram a respiração.

Meditação: por contar com benefícios como alívio do estresse, relaxamento muscular e estímulo cerebral, pode-se afirmar que meditar é uma ótima medida para ser tomada tanto para prevenir a depressão quanto para tratá-la. Ao meditar, é estimulada a parte frontal do cérebro, responsável pela atenção e pelo foco, além do sistema límbico, ligado aos comportamentos emocionais, sexuais, de aprendizagem e de memória. Além dos benefícios físicos, a meditação pode se tornar um hobby na vida de muita gente e, com novos ares na rotina, fica muito mais difícil cair em um quadro depressivo, tudo por meio do autoconhecimento. Isso porque autoconhecer-se é encontrar a felicidade dentro de si mesmo, conseguindo afastar pensamentos e sentimentos negativos.

Muitas pessoas acreditam que meditação é parar de pensar, livrar-se de emoções ou controlá-las, mas no fundo é muito mais do que isso. É ser capaz de ver as coisas sobre outro ponto de vista, sem julgamento, com clareza e imparcialidade, permitindo que os pensamentos encontrem um ritmo suave e sua mente torne-se limpa como um rio de águas calmas.

Esportes coletivos: seja futebol, basquete ou vôlei, as atividades que envolvam o trabalho em equipe podem ser mais descontraídas e proporcionar o contato humano, amenizando a sensação de solidão, um grande problema para quem sofre com quadros depressivos.

Ciclismo: para quem não gosta do ambiente fechado de uma academia, o recomendado é uma atividade que pode ser praticada ao ar livre, como o ciclismo. Mas tome alguns cuidados, como a manutenção da bicicleta, o uso de capacete próprio e trafegar por lugares seguros.

Corrida: o número de adeptos no Brasil não para de crescer, muito pela facilidade em praticar: basta a força de vontade e um par de tênis. Só não se esqueça de adquirir um calçado especializado, com o amortecimento devido, que vai diminuir o impacto em quadril, joelhos e tornozelos.

Mudança na rotina: quando uma pessoa recebe o diagnóstico de depressão, logo passa por sua mente, e pela de seus familiares, as consultas com psicólogos, médicos e outros profissionais ligados ao tratamento da saúde mental. Não que isso esteja incorreto, muito pelo contrário: o acompanhamento com esses especialistas é fundamental para ajudar a superar o distúrbio. Contudo, outras atitudes menos associadas ao controle do transtorno possuem potencial para aliviar os sintomas e mudar a postura, o pensamento e o comportamento dos pacientes.

Respire suavemente: quando estão tensas ou estressadas, muitas pessoas tendem a prender a respiração sem perceber. Pare por alguns minutos e faça este exercício: feche os olhos e sinta o ar fluindo pelas narinas. Sinta o diafragma baixar e a caixa torácica se expandir quando o ar entra nos pulmões. Perceba o peito se contrair quando o ar sai pelo nariz. Repita o processo, mantendo a atenção na respiração e deixando que ela limpe todos os seus pensamentos.

Seja gentil: ter uma boa relação com os colegas de trabalho mantém o estresse em níveis baixos. Um estudo mostrou que as pessoas que se ajudam são mais produtivas, talvez porque aprendam melhor como exercer a comunicação indireta. Outro estudo apontou que quem trabalha com amigos apresenta taxas mais baixas de pressão sanguínea em situações estressantes no trabalho.

Não deixe a tecnologia escravizar você: para planejar um período de paz sem interrupções, programe desligar o telefone por pelo menos uma hora e verifique os e-mails apenas de uma em uma hora — melhor ainda se for só duas vezes ao dia. Isso se você estiver trabalhando. Em dias de folga, prontifique-se a passar períodos mais longos desligado desse tipo de tecnologia.

Motive-se: deixe que o desejo de ficar saudável e ter mais qualidade de vida lhe motive a conhecer outras pessoas. Uma pesquisa concluiu que mulheres com menos de seis contatos pessoais têm mais propensão a depressão, obesidade, diabetes e entupimento de artérias. Pertencer a um grupo significa trocar experiências e expectativas.

Aceite as mudanças: a vida é um processo de mudanças constantes e inevitáveis. Se tentar lutar contra isso, acumulará insatisfação, desapontamento e frustração. Tente cultivar o desapego para ajudá-lo a reagir de maneira mais equilibrada quando as condições mudarem, alguém desapontar você ou até quando as tecnologias o deixarem na mão. Se acreditar que o inesperado pode surpreender positivamente, será capaz de aceitar o novo sem ressentimento algum.

Não segure o choro: o corpo se livra dos hormônios do estresse por meio das lágrimas. Por isso, se sentir vontade de chorar quando estiver com raiva, ou triste, faça-o.

Tenha um animal de estimação: para quem mora longe da família e dos amigos, os pets são uma ótima alternativa para ter companhia. Mais atenção à escolha: opte por algum que seja mais fácil se adaptar à sua casa e ao seu estilo de vida. Para quem mora em apartamento, por exemplo, o mais indicado é um gato ou cachorros de pequeno porte.

Viaje: mudar de ares ajuda a clarear as ideias e a esquecer, ainda que apenas por um curto período, das preocupações que invadem em abundância o pensamento de quem é influenciado pela depressão. Fuja da rotina, mesmo que para ir a algum lugar por perto.

Leia mais: o hábito da leitura é uma ótima forma de passar o tempo e afastar o pensamento dos problemas que atormentam o depressivo. Portanto, além de livros a respeito da própria depressão, procure ler obras literárias que possibilitem se distrair.

CONSULTORIAS

Adriano Segal, *psiquiatra*;

Ana Clara Floresi, *psiquiatra*;

Alfredo Simonetti, *psiquiatra*;

Aristides Brito, *neurocientista*;

Bayard Galvão, *psicólogo*;

Beatriz Acampora, *psicóloga*;

Cecília Zylberstajn, *psicóloga*;

Cristiane Vilaça, *psicanalista*;

Eduardo Coutinho Lopes, *psicólogo*;

Fábio Roesler, *neuropsicólogo*;

Glaucia Benute, *professora de psicologia*;

Graziela Vanni, *psicóloga e coach;*

José Alberto Del Porto, *psiquiatra*;

Júlia Bárány, *psicanalista*;

Leonard Verea, *psiquiatra*;

Marcella Mantovani Pazini, *psicóloga*;

Márcia Sando, *psicóloga*;

Margarete Pinho, *psicóloga*;

Maria Cristina De Stefano, *psiquiatra*;

Mary Scabora, *psicóloga*;

Milca Ribeiro, *professora de meditação;*

Monica Pessanha, *psicóloga*;

Nara Louzada, *terapeuta comportamental;*

Paula Dias Félix, *musicoterapeuta*;

Paulo Paiva, *psicanalista*;

Regiane Machado, *psicóloga*;

Regina Helena Scatena, *psicóloga*;

Ricardo Frota, *psiquiatra*;

Rodrigo Pessanha, *psiquiatra*;

Salma Cortez, *psicóloga*;

Salvador Hernandes, *yogaterapeuta*;

Sandra Monice, *psicóloga*;

Sérgio Lima, *psiquiatra*;

Sofia Bauer, *psiquiatra*;

Stela Kill, *terapeuta especialista em métodos naturais*;

Thaíz Maia, *nutricionista*;

Tylá Pilloto Duarte, *acupunturista*;

Valéria Lopes da Silva, *psicóloga*;

Vanessa Muller, *neurologista*.

Fontes

BARBIERI FILHO, A. Antidepressivos e sexualidade. Revista Brasileira de Sexualidade Humana, 26(2), 2015. SBRASH, 2016.

BRASIL. Ministério da Saúde. Fundação Nacional de Saúde. Manual de Procedimentos do Sistema de Informações Sobre

Mortalidade. Brasília, 2001. 36 p. Disponível em: http://bvsms.saude.gov.br/bvs/publicacoes/sis_mortalidade.pdf. Acesso em: 20 de set. 2023.

BRASIL. *Organização Mundial da Saúde. Opas. Determinantes Sociais e Riscos para a Saúde,* Doenças Crônicas Não Transmissíveis e Saúde Mental: Folha informativa – Suicídio. 2018.

Depression and Other Common Mental Disorders: Global Health Estimates. Geneva: World Health Organization; 2017. *Licence: CC BY-NC-SA 3.0 IGO.*

Fórum de Segurança Pública. Disponível em: https://forumseguranca.org.br/anuario-brasileiro-seguranca-publica/.

FLORIANA S. LUPPINO (Holanda). Leiden University Medical Center. Overweight, Obesity, and Depression: A Systematic Review and Meta-analysis of Longitudinal Studies. 2010. Disponível em: https://jamanetwork.com/journals/jamapsychiatry/fullarticle/210608. Acesso em: 20 de set. 2023.

Jornal da USP. Pesquisa do IBGE aponta que idosos são os mais afetados pela depressão. Disponível em: https://jornal.usp.br/atualidades/pesquisa-do-ibge-aponta-que--idosos-sao-os-mais-afetados-pela-depressao/. Acesso em: 20 de set. 2023.

Ministério da Saúde. Na América Latina, o Brasil é o país com maior prevalência de depressão. Disponível em: https://www.gov.br/saude/pt-br/assuntos/noticias/2022/setembro/na-america-latina-brasil-e-o-pais-com-maior--prevalencia-de-depressao. Acesso em: 20 de sete. 2023.

World Health Organization. Mental health in the workplace. 2017. Disponível em: https://www.who.int/mental_health/in_the_workplace/en/. Acesso em: *20 de set. 2023.*

Segunda edição (outubro/2023) · Segunda reimpressão
Papel de miolo Luxcream 70g
Tipografia Alegreya Sans, Bison e Visby
Gráfica Melting